AF349582

EDICT DV ROY,

PORTANT CREATION

d'vn Office de Conseiller de sa Maiesté & Tresorier General des Finances & Garde-seels en chacun Bureau desdites Finances, Auec Reglement & droicts attribuez ausdits Offices.

Verifié en Parlement le 20. Nouembre, mil six cens trente-cinq.

A PARIS,

Chez CHARLES MOREL, Imprimeur
ordinaire du Roy.

M. DC. XXXVI.

Auec Priuilege de sa Maiesté.

(4)

OVIS par la grace de Dieu Roy de France & de Nauarre, A tous prefens & à venir, Salut. Comme les Iurifdictions qui s'exercent és Cours & Sieges de noftre Royaume, Pays, Terres & Seigneuries de noftre obeyffance, dependent & prennent leur force entiere de noftre authorité: Auffi les Sentéces, Commiffions, Mandemens & actes importans qui s'y expedient & deliurent, doiuent pour la validité d'iceux, eftre feellez de noftre feel. Ce que nos Ordonnances ont plufieurs fois enioint, à peine de nullité: Mefmes le feu Roy Henry deuxiefme par fon Edict du mois de Decembre 1557. regiftré où befoin a efté, auroit creé & eftably en chacun defdits Sieges Prefidiaux de ce Royaume, vn Garde-feel, auquel il auroit attribué la qualité de Confeiller & Garde du feel en chacun defdits Sieges Prefidiaux, auec telles authoritez, prerogatiues, pouuoirs, affiftances, rapports de procez. droicts & préeminéces, qu'ōt

A ij

nos autres Conseillers defdits Sieges
Par autre Edict du Roy Charles IX. d
mois de Iuin 1568. & Lettres de Decla
ratiõ du 8. Feburier 1571. auffi regiftrée
où befoin a efté, fut creé & eftably en ti
tre d'office formé des Gardes de noftr
feel en toutes nos Cours, refforts & iu
rifdictions ordinaires & extraordinaires
forts & excepté és Chancelleries efta
blies en nos Cours de Parlement & Sie
ges Prefidiaux, aux pouuoirs, fonction
& émolumens portez par lefdits Edicts
Laquelle creation de Garde-feels, eftã
generale en toutes nos Cours & Sieges,
à l'exception des Chambres des Com-
ptes & Cours des Aydes, referuées pa
les verifications defdits Edicts & Decla
rations, Il eft affez manifefte qu'elle s'e-
ftend & doit auoir lieu aux Sieges des
Bureaux de nos Fináces eftablis en chacune des Generalitez de noftredit Royaume, & qu'il y ait à prefent d'autant
moins fuiet d'en douter, que la iurifdiction œconomique que nos Treforiers
generaux de France aufdits Bureaux, a-
uoient pour la direction de nos Finances, a efté augmentée par l'attribution
que nous leur auons depuis peu faite, do

la iurifdiction contentieufe au faict de noftre Domaine. Toutesfois pour ne laiffer aucune ambiguité pour ce regard, & leuer la difficulté qui y pourroit naiftre, attendu que iufques à prefent il n'y a efté pourueu, & donner par le moyen dudit Seel, la force & authorité, tãt aux attaches, mandemens & ordonnances, que tous autres actes qui feront emanez des Bureaux defdits Treforiers de France, Nous de l'aduis de noftre Confeil, où eftoient aucuns Princes de noftre fang, grands & notables perfonnages, & gens de noftredit Confeil, & de noftre certaine fcience, pleine puiffance & authorité Royale; Auons en confequence dudit Edict du mois de Decembre 1557. & en interpretant & amplifiant lefdits Edicts & Declaration du mois de Nouembre 1568. & 8. Feburier 1571. Dit & declaré, difons & declarons, Qu'en la creatiõ generale faite defdits Offices de Garde-feels en toutes nos Cours & Sieges tant ordinaires qu'extraordinaires, celle defdits Offices en chacun des Bureaux de nos Finances, eft comprife. Voulons & ordonnons que toutes Ordonnances, Mandemens & autres actes, portãs exe-

cution,qui s'expedient dans les Bureaux
au faict de la Iurisdiction contentieuse
de noftre Domaine,enfemble toutes Lettres d'attache, Baux à ferme, Commiffions pour les departemens de nos Tailles, & autres expeditions concernantes
la direction de nos Finaces,feront à l'ad-
uenir feellées de noftre feel,qui pour cét
effect fera eftably aufdits Bureaux con-
formément aufdits Edicts & Lettres de
Declaration,& iufques à ce que noftredit feel ait efté appofé,qu'elles foient de
nul effect tant en iugemét que hors iceluy,& ne puiffent eftre mifes à executió.
Ce que nous defendons tres-expreffe-
ment aux Huiffiers defdits Bureaux , &
aux Officiers tát des Elections, Greniers
à fel,que autres , d'en permettre ladite
execution, & de faire aucunes leuées ny
impofitiõs en verru d'attaches deliurées
fur la Commiffió de nos Tailles, Lettres
d'affiettes & autres expeditions nõ feellées. Et aux parties de s'en feruir,à peine
de nullité & de trois mil liures d'amen-
de,applicables la moitié à nous, & l'autre moitié à celuy qui aura la garde defdits feels. Au payemét de laquelle améde, feront les contreuenans contraints

par les voyes ordinaires &accouſtumées
pour nos propres deniers & affaires,
nonobſtant oppoſitions ou appellations
quelconques , en vertu des eſcrouës &
contraintes ſignées deſdits Garde-ſeels.
Faiſons en outre tres-expreſſes inhibi-
tions & defenſes aux Greffiers deſdits
Bureaux,leurs Cōmis& à chacun d'eux,
ſur les meſmes peines & améde que deſſus & de reſpondre en leurs noms de l'e-
molument dudit ſeel,de deliurer aucunes deſdites expeditions, ny les contre-
ſigner , que prealablement elles n'ayent
eſté ſeellées de noſtredit ſeel. Et pour
cét effeᶜt, nous ordōnons qu'il ſera eſta-
bly en chacun deſdits Bureaux,Vn Garde de noſtre ſeel , à l'inſtar de ceux de
nos Cours de Parlement & des Aydes:
Qui aura par deuers ſoy ledit ſeel & cō-
treſeel de nos armes de grandeur con-
uenable , pour ſeeller d'iceluy ſur cire
iaune en queuë pendante , toutes leſdi-
tes expeditiōs: Auquel les Greffiers deſdits Bureaux , ſeront tenus de commu-
niquer tous leurs regiſtres, pour par eux
extraire tous les engagemens de noſtre
Domaine, faits tant par nous que nos
predeceſſeurs Roys, afin qu'ils tiennent

d’orefnauant regiftre de toutes les quit
táces de finance de noftredit Domain
engagé, creation d’Offices, & attributió
de droicts hereditaires. Et d’autant que
les mefmes raifons qui ont meu les Roy
nos predeceffeurs, d’attribuer la qualité
de Confeillers en nofdites Cours fou-
ueraines, à ceux qu’ils ont honorez de la
Garde de leurs feaux, nous obligent de
faire le féblable en cefte occafion, Nous
auõs de nos mefmes puiffance & authorité cy-deffus, creé & erigé, creons & e-
rigeons en tiltre d’Office formé, Vn noftre Confeiller Treforier de France General de nos Finances & Garde-feel en
chacun Bureau de nofdites Finances, a-
uec rang & feance felon l’ordre de fa re-
ception, voix & opinion deliberatiue,
mefmes celuy de la Generalité de Mõt-
pellier, à l’inftar des autres Intendans de
nos Gabelles de Languedoc. Lefquels
Treforiers de France & Garde-feels
prefentement creéz, feront cheuau-
chées par ordre de departemens qui
fera changé toutes les années, comme
les autres Treforiers aufdits Bureaux,&
iouyront des honneurs, priuileges, fran-
chifes, droicts, exemptiõs, prerogatiues,
dont

dontiouyſſent, peuuent & doiuét iouyr
les autres Treſoriers deſdits Bureaux.Et
outre nous auons attribué à leur ſeul
profit tous les droits & émolumens dudit ſeel: Et en amplifiant pour ce regard
leſdits Edicts & Declarations,attendu
que les affaires qui ordinairement en
l'vne & en l'autre iuriſdiction ſuſdite,
ſont importantes , leur attribuons par
ces preſentes les droicts cy-apres decla-
rez.

ASCAVOIR:

Pour le ſeel de chacune commiſſion
ou ordonnance interlocutoire, qui s'ex-
pedieront au faict de la Iuriſdiction con-
tentieuſe de noſtre Domaine,cinq ſols.

Pour chacun ſeel d'ordonnance diffi-
nitiue au faict ſuſdit, ou executoire de
deſpens, dix ſols.

Pour le ſeel qui ſera appoſé à chacune
attache données ſur lettres de prouiſions, Quatre liures.

Pour le ſeel de chacune attache qui
s'expediera ſur lettres de prouiſions de
Chappelles, Sergens de foreſts, Morte-
payes,Gardesbois, Archers, Tranſports
de Baux, de Maiſons, Eſtaux, Bancs,
Boutiques, Eſchopes & places depen-

dantes de noſtre Domaine, Regiſtremét
des Mandemens de noſtre Eſpargne,
quittances de l'ordinaire de nos guerres
& autres, Quarante ſols. Et à cét effect
nous ordonnons que d'oreſnauant noſ-
dits Treſoriers de France, mettront la
preſentation des mandemens & quittances par vn acte ſeparé qui ſera ſcellé.

Pour le ſeel des attaches qui ſeront ex-
pediées par les Greffiers des Bureaux ſur
les contracts, & quittances d'engagemét
du Domaine, parts & portions d'iceluy,
droits domaniaux ou hereditaires, attri-
butions ou augmentations de gages &
droicts, Lettres de don, penſion, lots &
ventes, bien-faits ou recompenſes, au-
beines, confiſcations, desherances & autre de ſemblable matiere, des Baux generaux des Gabelles, Aydes, cinq groſſes
Fermes & autres qui s'adiugent au Con-
ſeil, Lettres de côfirmatiõ d'aduis, d'af-
franchiſſement, d'octrois, exemptions,
remiſes & deſcharges des tailles & prix
de Fermes, Lettres de commiſſion, Ad-
mortiſſements, Receptions de foy &
hommage, Baux à ferme qui ſeront faits
par leſdits Treſoriers deſdits Bureaux

pour raisõ dudit Domaine, Octrois, Bar-
rages & autres, & de tous enregiſtremés
non ſpecifiez en ces preſentes, Auront
le dixieſme des droicts deſdits Treſoriers generaux deſdits Bureaux.

Pour le ſeel de l'enregiſtrement des
Baux aux rabais, dés reparations necel-
ſaires aux maiſons & baſtimens Royaux,
Fours & Moulins à ban, & autres depé-
dances de noſtre Domaine, Ouurages
publics, Ponts, Pauez, Chauſſees & autres reparations, dont les Baux monte-
ront à cinq cens liures & au deſſous,
Quatre liures: & de ceux au deſſus à proportion iuſques à la ſomme de Trois mil
liures, Des mandemens & ordonnances
de payemens aux ouuriers de la ſomme
de Trois cens liures, & au deſſous, Quarante ſols: & au deſſus deſdites Trois cés
liures, & à proportion iuſques à la ſomme de Trois mil liures & au deſſus à
quelques ſommes qu'elles puiſſent mon-
ter.

Pour le ſeel & enregiſtrement par ex-
traict des Eſtats des comptables, prendront deſdits Cõptables vingt-ſols pour
mil liures, & à proportion iuſques à cét
mil liures, Dont ſera tenu cõpte auſdits

Comptables, au deſſus deſquels cēt mi
liures, ne pourront prendre aucune cho
ſe. Côme auſſi ne prendront aucû droiĉt
pour le ſeel qu'ils appoſeront aux attaches deliurees ſur les Commiſſions de
nos Tailles, Taillon, Creuës y iointes &
& grande Creuë de la gendarmerie, à
cauſe des vingt ſols pour mil liures à eux
attribuez par ces preſentes.

Pour le ſeel des attaches deliurees ſur
lettres d'aſſiettes de Trois cens liures &
au deſſous, prendront Quarante ſols: &
de celles au deſſus deſdites trois cens liures, auront le neufieſme des eſpi-
ces deſdits Preſidents & Treſoriers de
France.

Pour le ſeel des Ordonnances, qui
ſeront deliurees ſur requeſte, vingt. ſ.

FAISONS. tres-expreſſes deffenſes auſdits Conſeillers Treſoriers Garde-ſeels
leurs Commis, & à chacun d'eux de prē-
dre ny exiger plus grands droiĉts, que
ceux cy-deſſus, à peine de concuſſion. Et
pour leur oſter tout ſuiet d'y contreue-
uenir, ayant eſgard à la modicité deſdits
droiĉts, aſſiduité qu'ils ſont tenus de ren-
dre: Et pour leur donner moyen d'y va-
quer dignement: Nous leur auons attri-

bué & attribuons tels & semblables gages & droicts de presence , de buche, es-
pices , & autres droicts dont à present
iouyssent nosdits Tresoriers de France,
A prendre, Sçauoir, lesdits gages, droicts
de buches & de presence, sur les deniers
de nos Receptes generales. Et pour en
faire le fonds sans nouuelle imposition
sur nos subiets,ny surcharge à nos finance,Nous auons reuoqué & reuoquõs la
leuée des 2. deniers du parisis attribuez
aux proprietaires du droict des droits des
gardes des petits Seaux, Maistres Clercs,
& doublemét d'iceux des Elections res-
sortissantes és Cours des Aydes de Paris, Roüen & Clermont-ferrand : Et ordonnons que les Proprietaires desdits
droicts des droits,en seront rembourfez
des deniers qui prouiendront de la finã-
ce desdits Offices de nos Cõseillers Tresoriers Generaux de Frãce Garde-seels.
Au lieu duquel parisis,fera leué annuel-
lement fur lesdites Elections, foixante
dix mil fept cens liures pour les gages
desdits Offices nouuellement creez , à
commencer du premier Ianuier de l'an-
née prochaine mil six cens trente-qua-
tre,auquel temps la leuée dudit droict

.des droicts demeurera supprimée. S**i**
DONNONS EN MANDEMENT à noftre
tres-cher & feal Cheualier & Garde des
Seaux de France le fieur Seguier, de faire lire & publier le Seau tenant, noftre
prefent Edict, & iceluy regiftrer és regi-
ftres de l'Audience de noftre Grande
Chancellerie, Et à nos amez & feaux Cõ-
feillers les Gens tenans noftre Cour de
Parlement à Paris, de le faire auffi regiftrer purement & fimplement, pour
eftre executé, nonobftant oppofitions
ou appellations quelconques, pour lef-
quelles ne voulons eftre differé, dont fi
aucunes interuiennent, nous en auons
retenu & referué la cognoiffance en noftredit Confeil, icelle interdifons & defendons à toutes nos Cours & autres Iu-
ges, nonobftant auffi tous Edicts, Ordonnances, Mandemens, defenfes, &
chofes à ce contraires, aufquelles, & à
la derogatoire des derogatoires y con-
tenuës, nous auons dérogé & dérogeõs
par cefdites prefentes. Et afin que ce
foit chofe ferme & ftable à toufiours,
nous y auõs faict mettre noftre feel, fauf
en autre chofe noftre droict, & l'autruy
en toutes : Car tel eft noftre plaifir.

Donné à Fontaine-bleau au mois de
May, l'an de grace mil six cens trente-
trois, & de noſtre regne le vingt-qua-
triéme. Signé, Lovis, à coſté Viſa.
Et plus bas, Par le Roy, De Lomenie.
& ſeellé du grand Seau de cire verte
ſur lacs de ſoye rouge & verte. Et en-
cor eſt écrit:

*Leu, publié & regiſtré, Ouy ce requerant
& conſentant le Procureur General du Roy,
& que copies collationnées à l'original d'iceluy, ennoyées aux Bailliages & Seneſchauſ-
ſées de ce reſſort, pour y eſtre pareillement leu,
publié & regiſtré, & executé ſelon ſa forme &
teneur : à la charge que les deniers en proue-
nans, ſeront employez au payement des Gens
deguerre, à peine du quaduple contre les or-
donnateurs & parties prenantes. A Paris
en Parlement le Roy y ſeant, le 20. iour de
Decembre 1635.*
Signé,   DV TILLET.

www.ingramcontent.com/pod-product-compliance
Lightning Source LLC
LaVergne TN
LVHW010812180726
843502LV00011B/4472